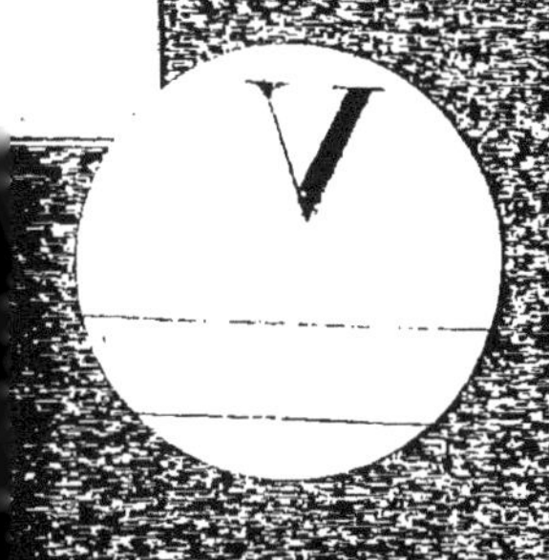
V

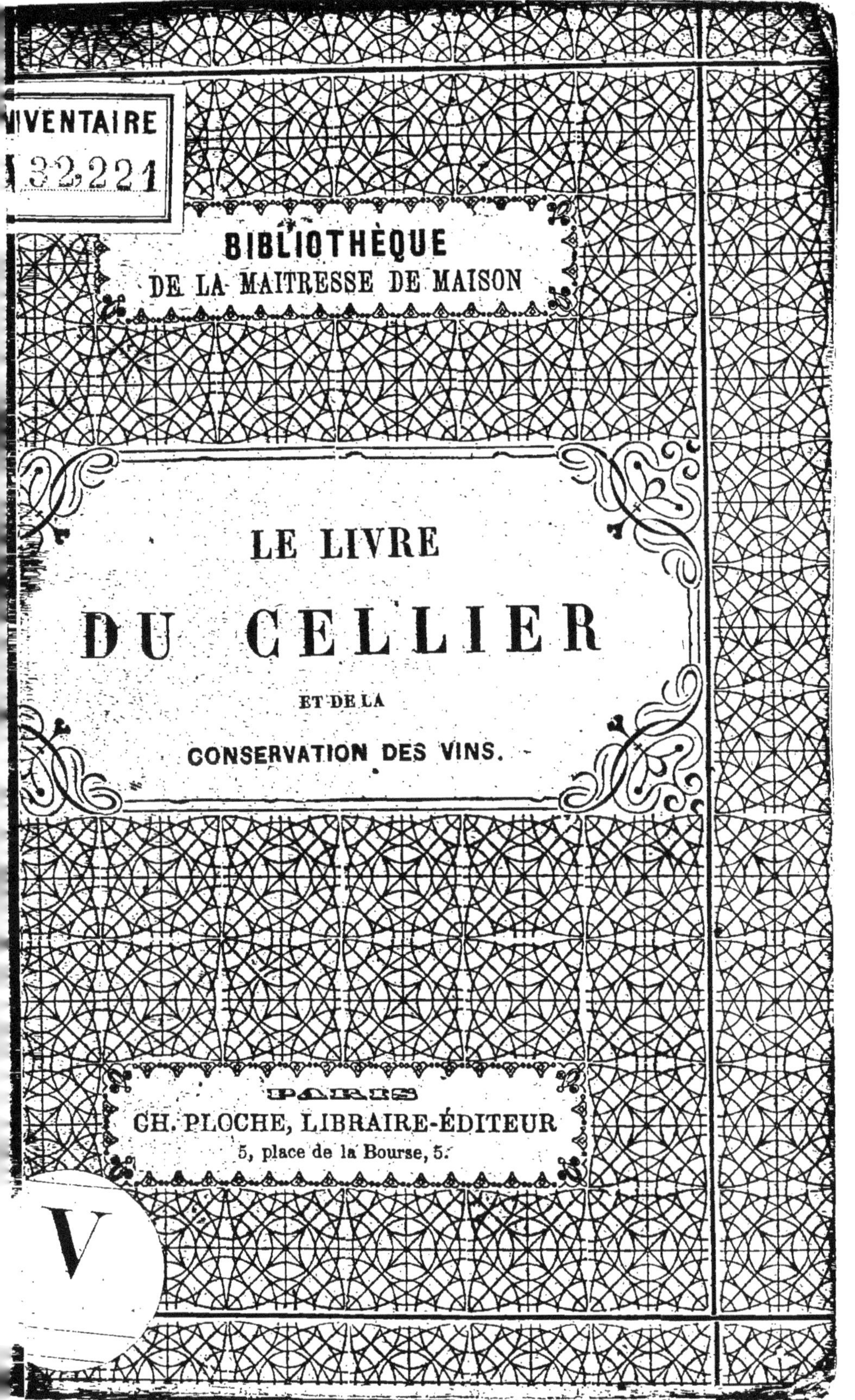

BIBLIOTHÈQUE
DE LA MAITRESSE DE MAISON

LE LIVRE
DU CELLIER

ET DE LA

CONSERVATION DES VINS.

PARIS
CH. PLOCHE, LIBRAIRE-ÉDITEUR
5, place de la Bourse, 5.

LE LIVRE DU CELLIER

ET

LE LIVRE DE LA BASSE-COUR.

PARIS, IMP. DE SCHILLER AINÉ, 11, RUE DU FAUB. MONTMARTRE.

LE LIVRE DU CELLIER

ET DE LA

CONSERVATION DES VINS

Par JULIEN LEMER,

SUIVI DU

LIVRE DE LA BASSE-COUR,

Par

EUGÈNE WOESTYN.

PARIS

CH. PLOCHE, LIBRAIRE-ÉDITEUR,

5, Place de la Bourse.

1852

LE LIVRE DU CELLIER

ET DE LA

CONSERVATION DES VINS.

DU VIN.

I.

PENSÉES, AXIÔMES, APHORISMES.

Vino aluntur vires, sanguis calorque hominum.
PLINE.

Prétendre qu'il ne faut pas changer de vin est une hérésie; la langue se sature, et, après le troisième verre, le meilleur vin n'éveille plus qu'une sensation douteuse. BRILLAT-SAVARIN.

Le degré de civilisation d'un peuple est toujours proportionnel à la qualité et à la quantité des vins qu'il consomme. LE DOCTEUR BABRIUS.

Asclepiades utilitatem vini æquori vir deorum potentiâ.

Asclepiade affirme que l'utilité du vin est à peine égalée par la puissance des dieux.

Dis-moi ce que tu bois, je te dirai ce que tu es.
LE DOCTEUR BABRIUS.

Quid non ebrietas designat? Operta recludit,
Spes jubet esse ratas, ad prælia trudit inertem,

Sollicitis animis onus eximit, adducet artes :
Fœcundi calices quem non fecere disertum?
Contracta quem non in paupertate solutum ?

HORATIUS, lib. I, epist. 5.

M. Daru a ainsi traduit ce beau morceau :

Qui ne sait d'une heureuse ivresse,
Qui ne sait les heureux effets?
Elle prodigue la sagesse,
Elle révèle les secrets;
Des chimères de l'espérance
Elle sait nous faire jouir.
C'est dans la coupe du plaisir
Que l'ignorant boit la science.
Au lâche elle rend la vaillance,
Au fourbe la sincérité,
Et dans le sein de l'indigence
Fait trouver la félicité.
Gaîté, franchise, confiance,
Talents, vous êtes ses bienfaits.
Eh ! quel buveur manqua jamais
Ou de courage ou d'éloquence ?

Il y a autant de variétés de vins qu'il y a de variétés d'yeux. De même que les yeux sont noirs, bleus, gris, fauves, roux, et ainsi de suite, en passant par toutes les gammes de nuances, de même les vins sont plus ou moins colorés, plus ou moins vineux; si les yeux sont plus ou moins vifs, les vins sont plus ou moins jeunes; enfin, la moindre circonstance de récolte, de futaille, de cave, de bouchon, de température, modifie la saveur d'un vin, aussi bien que le plus petit accident dans l'état de l'âme ou du cerveau, la moindre sensation physique peut altérer l'expression d'un regard.

JULIEN LEMER.

« Il y a trop de vin dans ce monde pour dire la messe, il n'y en a point assez pour faire tourner les moulins, donc il faut le boire. »

Cette réflexion du procureur d'une abbaye de chanoines réguliers cache un grand sens sous des paroles simples; c'est un véritable apophthegme.

Le vin est le meilleur ami de l'homme, le compagnon de sa vie, le consolateur de ses chagrins, l'ornement de sa prospérité : c'est le lait des vieillards, le baume des adultes et le véhicule des gourmands. Lorsque les premiers services sont passés, que le vin ordinaire a préparé les voies, les vins fins ouvrent les cœurs à la confiance, à l'hilarité. Que les convives se livrent à ces doux sentiments sans crainte, mais avec retenue si le beau sexe est présent.

Le vrai gourmand offre ici un modèle de conduite et de convenance; son estomac largement pansé reçoit en abondance un vin naturel et généreux, il l'emporte de quatre bouteilles au moins sur le buveur sans appétit. — Mais, pour boire le vin sans risques, il faut qu'il soit bon, vieux, naturel. Que de conditions difficiles à réunir dans un pays où la fraude et l'ignorance métamorphosent en un dangereux poison l'un des plus doux présents de la Providence !—L'homme de goût et d'esprit ne doit point se déranger dans la tâche difficile de former une bonne cave : il lui faut trente années de soins, de dépenses, de voyages, une vigilance et une activité presque surhumaine; mais qu'importe ? — Les jouissances qu'il se prépare sont indicibles; et quel héritage à transmettre au fils qui portera son nom !

GRIMOD DE LA-REYNIÈRE.

II.

Nous n'avons point, on le pense bien, la prétention d'écrire ici l'histoire de la théorie de la culture de la vigne et de la fabrication du vin.

Pour ce qui est de la vigne, nous nous bornerons

à quelques lignes succinctes qui suffiront pour mettre nos lecteurs à peu près au courant de ce qu'a été la bienfaisante treille dans les temps antiques.

La vigne, arbrisseau originaire de Perse, a été cultivée depuis l'antiquité la plus reculée. Ce fut Noé, suivant l'histoire sainte, qui, le premier, inventa l'art de faire du vin. L'Ancien Testament nous apprend aussi qu'il y avait dans la Palestine d'excellents vignobles, parmi lesquels on distinguait ceux de Sorec, de Sébama, de Jazer, d'Abel et de Chelbon. Osiris, dit-on, enseigna aux Égyptiens la manière de planter la vigne et de faire du vin. Du reste, les historiens ont laissé planer un grand vague sur la question de savoir à qui revient l'honneur de cette initiative. Servius et Eutrope attribuent la découverte du vin à Bacchus. D'après Properce et quelques autres, c'est à Icare, père de Pénélope, que nous devrions ce bienfait insigne. Athénée, de son côté, dit que la première vigne fut plantée sur le mont Etna.

Quoi qu'il en soit, il paraît certain que la culture de l'arbrisseau persan, négligée en Grèce pendant longtemps, fut remise en vogue par Cadmus dans la Béotie, 1519 ans avant l'ère chrétienne. Lors de la guerre de Troie, les Grecs tiraient un grand bénéfice de leurs vins ; ceux de Moranée, de Cos, de Chio, de Lesbos, de Smyrne, de Candie, se vendaient à des prix très-élevés. Théopompe dit que ce fut Œnopion, fils de Bacchus, qui enseigna aux habitants de Chio à cultiver la vigne, que ce fut dans cette île qu'on but le premier vin rosé, et que ses habitants apprirent à leurs voisins l'art d'en faire d'excellent.

Dans les environs de Rome, la vigne était fort cultivée dès les premières années de la fondation. Numa passait pour avoir le premier indiqué les moyens de la tailler. Pour mieux établir cette pratique, il avait exigé que le vin employé dans les sacrifices fût le produit d'une vigne coupée avec le fer.

Quant à la Gaule, on ne sait au juste quand et comment elle connut la vigne ; mais il n'est pas douteux que les procédés de la fabrication du vin étaient déjà fort répandus à l'époque où Domitien fit arracher tous les ceps de notre beau pays. Ce furent Probus et Julien qui les firent replanter.

On cite, à propos de vigne, une curiosité tout à fait phénoménale ; ce sont les grandes portes de la cathédrale de Ravenne, construites en bois de vigne, dont les planches ont plus de quatre mètres de hauteur sur trente centimètres environ de largeur.

Quant aux vins eux-mêmes, voici quelques documents historiques et hygiéniques qui ne paraîtront sans doute pas dépourvus d'intérêt :

Les Romains tiraient leurs meilleurs vins de la Compagnie, dans le royaume de Naples. Le falerne et le massique étaient le produit de vignobles plantés tout autour du mont Dragon, au pied duquel coule le Garigliano, anciennement nommé *Liris*. Les vins d'Amiéla et de Fondi se récoltaient près de Gaëte ; le raisin de Suessa croissait près de la mer, etc. Mais, malgré la grande variété de vins que produisait le sol de l'Italie, le luxe porta bientôt les Romains à rechercher ceux d'Asie ; et les vins précieux de Chio, de Lesbos, d'Éphèse, de Cos et de Clazomène ne tardèrent pas à surcharger leurs tables.

Les Grecs avaient singulièrement avancé l'art de faire, de travailler et de gouverner les vins : ils les distinguaient déjà en *protopon* et *deutérion*, suivant qu'ils provenaient du suc qui s'écoule du raisin avant qu'il ait été foulé, ou du suc qu'on extrait par le foulage lui-même. Les Romains ont ensuite désigné ces deux qualités sous les dénominations de *vinum primarium* et *vinum secundarium*. — Lorsqu'on lit avec attention tout ce qu'Aristote et Galien nous ont transmis de connaissance sur la préparation et les vertus des vins les plus renommés de leur temps, il est difficile de se défendre de l'idée que les anciens possédaient l'art d'épaissir et de dessécher certains vins pour les conserver très-longtemps : Aristote nous dit que les vins d'Arcadie se desséchaient tellement dans les outres, qu'il fallait les racler et les délayer dans l'eau pour les disposer à servir de boisson : *ita exsiccatur in utribus ut derasum bibatur.* Pline parle de vins gardés pendant cent ans, qui s'étaient épaissis comme du miel, et qu'on ne pouvait boire qu'en les délayant dans l'eau chaude, et les coulant à travers un linge ; c'est ce qu'on appelait *saccatio vinorum. Martial* conseille de filtrer le cécube :

Turbida sollicito transmissere cæcuba sacco.

Galien parle de quelques vins d'Asie qui, mis dans de grandes bouteilles qu'on suspendait au coin des cheminées, acquéraient par l'évaporation la dureté du sel. C'était là l'opération qu'on appelait *fumarium.*

C'étaient sans doute des vins de cette nature que les anciens conservaient au plus haut des maisons et dans des expositions au midi : ces lieux étaient désignés par les mots : *horreum vinarium, apotheca vinaria.* — Mais tous ces faits ne peuvent appartenir qu'à des vins doux, épais, peu fermentés, ou à des sucs non altérés et rapprochés ; ce sont des extraits plutôt que des liqueurs, et peut-être n'était-ce qu'une sorte de *raisiné.*

Les anciens connaissaient encore des vins légers qu'ils buvaient de suite : *quale in Italia quod gauranum vocant et albanum, et quæ in Sabinis et Tuscis nascuntur.* Chaque espèce de vin avait une époque connue et déterminée, avant laquelle on ne l'employait point pour la boisson : *Dioscoride* détermine la septième année comme un temps moyen pour boire le vin. Au rapport de *Galien* et d'*Athénée*, le *falerne* ne se buvait en général, ni avant qu'il eût atteint l'âge de dix ans, ni après celui de vingt. Les vins d'Albe exigeaient vingt ans d'ancienneté; le *surrentinum*, vingt-cinq, etc. *Macrobe* rapporte que, *Cicéron* étant à souper chez Domasippe, on lui servit du *falerne* de quarante ans, dont le convive fit l'éloge, en disant qu'il portait bien son âge : *Bene, inquit, œtatem fert. Pline* parle d'un vin servi sur la table de *Caligula*, qui avait plus de cent soixante ans. *Horace* chante un vin de cent feuilles, etc.

Usages et vertus du vin. Le vin est devenu la boisson la plus ordinaire de l'homme, et elle est en même temps la plus variée. Cette liqueur est tonique, fortifiante et toujours plus ou moins nutritive : sous tous ses rapports, elle ne peut qu'être salutaire. Les anciens lui attribuaient la faculté de fortifier l'entendement. *Platon, Eschyle* et *Salomon* s'accordent à lui reconnaître cette vertu. Mais nul écrivain n'a mieux fait connaître les justes propriétés des vins que le célèbre Galien; il a assigné à chaque sorte les usages qui lui sont propres, et la différence qu'y apportent l'âge et le climat, etc.

Malgré la sagesse des lois, et surtout malgré le tableau hideux de l'intempérance et ses suites toujours funestes, l'attrait pour le vin devient si puissant chez quelques hommes qu'il dégénère en passion et en besoin. — L'histoire nous a conservé le trait de *Venceslas*, roi de Bohême et des Romains, qui, étant venu en France pour y négocier un traité avec *Charles VI*, se rendit à Reims au mois de mai 1397; il s'enivrait chaque jour avec le vin de ce pays, et préféra consentir à tout plutôt que de renoncer à ces excès.

La vertu du vin diffère selon l'âge. — Le vin récent est flatueux, indigeste et purgatif. — Il n'y a que les vins légers qu'on puisse boire avant qu'ils aient vieilli. Nous en avons donné la raison. — Les Romains buvaient de suite les vins de plusieurs crus de cette espèce.— Les vins nouveaux sont très-peu nourrissants, surtout ceux qui sont aqueux et point sucrés : ces mêmes vins déterminent aisément l'ivresse; ce qui tient à la quantité d'acide carbonique dont ils sont chargés. L'acide, en se dégageant de cette boisson par la température de l'estomac, éteint l'irritabilité des organes, et jette dans la stupeur.

Les vins vieux sont, en général, toniques et très-sains ; ils conviennent aux estomacs débiles, aux vieillards, et dans tous les cas où il faut donner de la force. Ils nourrissent peu, parce qu'ils sont dépouillés de leurs principes vraiment nutritifs, et ne contiennent presque pas d'autres principes que l'alcool.

C'est de ce vin que parle le poète lorsqu'il dit :

> , ... Generosum et lene requiro,
> Quod curas abigat, quod cum spe divite manet
> In venas animumque meum, quod verba ministret,
> Quod me, Lucane, juvenem commendet amicæ.

Les vins gras et épais sont les plus nourrissants : *Pinguia sanguinem augent et nutriunt.* GALIEN.

Les vins diffèrent encore essentiellement par rapport à la couleur : le rouge est en général plus spiritueux, plus léger, plus digestif; le blanc fournit moins d'alcool; il est plus diurétique et plus faible. Comme il a moins cuvé, il est presque toujours plus gras, plus nourrissant, plus gazeux que le rouge.

Pline admet quatre nuances dans la couleur des vins : *album, fulvum, sanguineum, nigrum.*

Le climat, la culture, la variété dans les procédés

de fermentation, apportent encore des différences infinies dans les qualités des vins.

III.

DES DIFFÉRENTES ESPÈCES DE VINS.
CLASSIFICATION.

L'on a dit et l'on a écrit surtout bien des phrases inconsidérées sur la vieillesse et la conservation des vins. Il ne faut pas croire que tous les vins se conservent également, Ainsi, par exemple, si l'on a pu parler d'un vin extraordinaire qui se serait conservé deux siècles, surtout si l'on est en droit de prétendre que le vin de Cahors n'a pas d'âge et ne *meurt* jamais, il est vrai de dire aussi qu'il y a des pays où les vins se conservent fort peu, tels sont les vins des pays froids ; ceux de la Haute-Bourgogne, du Bordelais, du Languedoc, du Roussillon se gardent dans des caves fraîches un assez grand nombre d'années. Cependant il ne faut pas avoir la prétention de conserver les vins de Bourgogne plus d'une quinzaine d'années, et ceux de Bordeaux, des meilleures récoltes, plus de vingt à vingt-deux ans. Au bout de ce temps ils perdent considérablement de leur prix et de leur bouquet.

LES VINS DE FRANCE. — *Vins rouges.* — Les vins rouges de France les plus célèbres proviennent généralement des provinces de Bourgogne, du Bordelais, du Dauphiné ; on place en seconde ligne la Champagne, le Lyonnais, le Béarn, le Roussillon, le comtat d'Avignon.

Vins de Bourgogne. — Ce qui distingue particulièrement les vins de Bourgogne, c'est la suavité de leur goût et la finesse de leur arôme spiritueux. On classe dans l'ordre suivant les vins de la Bourgogne :

1re classe : Romanée-Conti , — Chambertin , — Richebourg, — Clos-Vougeot,—Romanée-de-Saint-Vivant, — La Tâche, — Clos-Saint-Georges , —Corton, — Clos-de-Prémeau, — Musigny, — Clos-du-Tark, — les Bonnes-Mares, —Clos à la Roche, — les Venilles, — Clos-Marjot, — Clos-Saint-Jean,— la Perrière. Tous ces vins sont situés dans le département de la Côte-d'Or.

2me classe : Vosne, — Nuits, — Prémeau, — Chambolle, — Volnay, — Pomard, — Beaune, — Maurey, — Savigny, — Meursault (tous dans la Côte-d'Or), — la Côte des Olivettes, à Dannemoire; — les Côtes de Pitoy, — des Perrières — et des Préaux, à Tonnerre; — les Clos-de-la-Chaînette — et de Migrenne, à Auxerre, dans le département de l'Yonne ; — le Moulin à vent, — les Thorins — et le Chènat, dans le Beaujolais et le Mâconnais. Les environs de Châlons en Saône-et-Loire et le département de la Côte-d'Or fournissent la majeure partie des vins qui alimentent la consommation des vins ordinaires, particulièrement dans le Nord et le centre de la France, ainsi que dans presque toute l'Allemagne, où les vins de Bourgogne sont l'objet de la préférence générale.

Vins de Bordeaux. — On remarque dans les vins du Bordelais une légère âpreté de saveur tout à fait caractéristique, un bouquet très prononcé; il ont de la force spiritueuse, sans être aussi fumeux que ceux de Bourgogne; ils sont froids à l'estomac et au cerveau, et se digèrent très-facilement. A la tête des vins de la première classe brille le nom illustre de Château-Margaux, que M. Biarnez, dans son poëme des grands vins de Bordeaux a célébré en ces termes :

Inclinez votre front, fléchissez les genoux.
Amis, Château-Margaux s'élève devant nous!
Voilà l'un des trois rois, l'un des trois dieux du monde,
Quand de ses feux d'été le soleil nous inonde,
Et que, plus tempéré, mais toujours radieux,
En automne il réchauffe un ciel capricieux,
Que d'un sucre vermeil les grappes se remplissent,
Alors, auprès de lui ses deux rivaux pâlissent,
Idole des gourmets, c'est le plus grand des trois ;
Il est seul sur son trône, il est le roi des rois.
On adore son nom aux deux bouts de la terre !
De ce Château divin tout peuple est tributaire :
Nul ne tente jamais, esclave révolté,
De secouer le joug de son autorité.
Quand des rois d'aujourd'hui la puissance chancelle,
La sienne grandit seule; elle est seule immortelle!
Mais de Château-Margaux le seuil est interdit ;
Des maîtres de ces lieux, le rigoureux édit
Laisse ouverts ses celliers et fait fermer sa cave...

  . . . .

A côté du Château-Margaux, on classe le Château-Laffitte, à Pouillac ; — le Château-Latour, à Saint-Lambert, — et le Château-Haut-Brion, à Pessac.

Les vins des seconds crûs diffèrent très-peu des premiers; on les nomme les Rauzan et les Lascombe, à Margaux ; — le Léoville et le Larose. — Bulguerin, à Saint-Julien de Preignac ; — de Gorce, à Cantenac ; — de Branne-Mouton, à Pouillac ; — de Pichon-Longueville, à Saint-Lambert ; — de la Destournelle ; — de Durfort ; — de Gruau.

Les troisièmes crûs comprennent : les Château-Lagrange ; — Château-d'Issan ; — Monrose ; — Kirwan ; — Palmer ; — Pougets ; — Malescot ; — Ferrière ; — Giscours ; — Langon ; — Bergeron ; — Cabarus ; — Calon-Ségur ; Lanoir et plusieurs clos de Cantenac et de Margaux.

Dans la quatrième classe on compte quelques qualités de Saint-Julien ; — de Saint-Estéphe ; — de Pauillac ; — de Labarde et de Margaux ; — les

Béchevelle-Saint-Pierre ; — château de Béchevelle ; — château de Carnot ; — Château-Lalagune ; — Pontet-Canet ; — Merman, et aussi de Talence ; — de Mérignac et de Léoguan, provenant des contrées dites *des Graves*.

La cinquième classe se compose des vins de Panillac ; — de Saint-Estéphe ; — de Saint-Julien ; — de Saussans ; — de Labarde ; — de Ludon ; — de Macau ; — de Cantenac.

Enfin on compte encore dans le Bordelais les crûs dits ordinaires bourgeois et petits crûs ; ils proviennent des crûs du haut et bas Médoc, des premiers crûs des Palus de Queyris ; — Montferrand et Basseul ; — des côtes de Saint-Emilion ; — de Canon et de Fronsac.

Les vins de Bordeaux sont très-estimés dans les départements du midi et de l'ouest même comme vins d'ordinaire ; ils jouissent de moins de faveur dans le nord de la France, mais ils sont appéciés merveilleusement en Angleterre et généralement dans tous les pays d'outre-mer ; non seulement ils sont les seuls vins rouges de France qui puissent supporter le transport, mais encore ils gagnent beaucoup en qualité à voyager sur mer. Il n'est même pas rare de voir des capitaines de navires français emporter à leur bord des pièces de vins inutiles à leur consommation, uniquement pour les améliorer en leur faisant faire une campagne.

Vins du Dauphiné. — Ces vins sont excessivement spiritueux ; ils ont une certaine analogie avec ceux du Bordelais. Les plus estimés sont ceux qui proviennent des crûs de Méal ; — Gréfieux ; — Baume ; — Rancoule ; — Muret ; — Guiognière ; — des Bessas ; — des Burzes et des Landes, sur le territoire de L'Ermitage , dans le département de la Drôme.

Les vins de second ordre sont ceux de Croses ; —

Mercuret et Gervant; de Montségur ; — de Montélimart ; — de Saillans ; — de Donzère ; — d'Alan dans le département de la Drôme ; — de la Porte-du-Lyon ; — de Reyantin et de Seyssel dans le département de l'Isère.

Vins rouges de la Champagne. — Ces vins sont très-délicats et d'une saveur très-fine ; de même que les vins blancs, ils portent aisément à la tête, mais l'étourdissement qu'ils produisent n'est pas de longue durée. Ceux qui jouissent de la plus grande faveur portent les noms de Verzy, — Verzenay, — Mailly, — Saint-Basle, — Bouzy, — Clos-Saint-Thierry, département de la Marne ; on met au second rang ceux de Hautvillers, — Mareuil, — Dizy, — Pierry, — Epernay, — Taisy, — Ludes, — Chigny, — Billy, — Villers-Allerand—et Cumières, du département de la Marne ; ceux des Biceys, — de Balnot-sur-Laigne, — d'Avirey — et de Bagneux-la-Fosse, du département de l'Aube ; — d'Aubigny — et Mantsanjon, de la Haute-Marne.

Les vins du Lyonnais ont un peu moins de corps que ceux du Dauphiné, par conséquent ils sont plus vifs au goût et plus légers à l'estomac ; on distingue surtout les crûs de Côte-Rôtie, — puis ceux de Vérinay, — de Sainte-Foi, — des Barolles, — de Millery et de Galée, tous situés dans le département du Rhône.

Vins du comtat d'Avignon.—Ils sont très-chauds, très-vifs et d'une saveur fort agréable. Le crû le plus renommé est le clos de la Nerthe, à Châteauneuf-du-Pape ; on cite ensuite les clos de Saint-Patrice, — de Bocoup — et de Côteau-Pierreux dans la même localité ; — de Côteau-Brûlé, à Sorgues, et le Saint-Sauveur à Aubigné dans le département de Vaucluse.

Vins de Béarn. — Ceux-ci ont du corps et du moelleux à la fois ; ils contiennent une grande quantité d'alcool. Le Béarn et la Navarre fournissent un grand nombre de vins très-bons pour la consommation ordinaire ; plusieurs aussi servent à couper les vins qui manquent de force et d'esprit ; on y compte du reste deux crûs renommés, ceux de Jurançon et de Gan.

Vins du Roussillon. — Ces vins sont surtout employés comme toniques et dans la préparation des mélanges ; de tous les vins de France, ce sont peut-être ceux qui ont le plus de couleur, de force, de principes alcooliques ; mais ils n'ont point beaucoup de fumet et de bouquet. Les principaux crûs sont ceux de Banyale, de Cosperon, de Port-Vendre et de Collioure, tous du département des Pyrénées orientales.

Vins du Périgord. — Encore une qualité de vins qui sert à colorer et à fortifier les vins faibles ; on les emploie particulièrement dans le Bordelais ; on fait le même usage des vins de la Guienne proprement dits et du Quercy (arrondissement de Cahors). Cependant les bons crûs du Périgord donnent quelques vins assez fins, très-secs et fort spiritueux. Il faut citer particulièrement ceux de Bergerac, — de Creysse, — de Geneslet, — de Prigourieux, — de la Force, — de Sainte-Foy-les-Vignes, — de Lembra — et de Montarvès, (département de la Dordogne).

Vins de la Gascogne. — Dans la Gascogne proprement dite, on trouve des vins très-corsés, ceux du Cap-Breton, — de Messange — et de Soustow (département des Landes).

Vins du Languedoc. — Les vins de cette partie de

la France sont de natures très-variées ; on en trouve fort peu de fins et de délicats ; cependant il faut citer ceux de Chuzelan, — Tavel, — Saint-Gémier, — Lirac, — Ledénon, — Saint-Laurent-des-Arbres, — de Cante-Perdrix, à Beaucaire (département du Gard), qui ont de l'agrément et de la légèreté ; — ceux de Cornas, dans l'Ardèche, qui sont corsés, et ceux de Saint-Joseph, dans le même département, qui ne manquent point de délicatesse. Les vins des autres crûs du Gard, de l'Hérault, de l'Aude et du Tarn, sont généralement employés comme ceux du Roussillon et du Périgord, à faire des mélanges ; on en expédie aussi beaucoup à l'étranger.

On récolte aussi des vins dans la *Provence*, — le *Bigorre*, — l'*Auvergne*, — la *Bresse*, — le *Bugey*, — la *Franche-Comté*, — l'*Anjou*, — la *Touraine*, — l'*Orléanais* — et le *Blaisois* ; mais généralement ces vins ne peuvent être rangés que dans la quatrième classe des vins de France. On rencontre dans la Touraine, l'Orléanais et le Blaisois quelques crûs assez estimés, tel que celui de Beaugency ; mais ils ne sont jamais comparables aux bons vins de Bourgogne et de Bordeaux. Les vins de l'Auvergne, du Forez et du Cher sont assez souvent apportés à Paris pour être employés dans des mélanges. Enfin, les autres pays à vins, tels que le Poitou, la Saintonge, l'Aunis, l'Angoumois, consomment sur place tout ce qui n'est pas consacré à la distillation et converti en eaux-de-vie.

Aucun vin des pays étrangers ne peut être comparé à ceux que produisent nos crûs de premier ordre ; du reste, il y a entre les vins de France et ceux des autres contrées fort peu d'analogie. Les meilleurs produits des vignobles étrangers proviennent particulièrement du Haut-Douro et de Moncâo, en Portugal ; d'Olivetta, dans l'Estramadure, en Espagne ; de la Hongrie et de la Basse-Autriche, d'Asmanhausen, dans le duché de Nassau ; de la Morée, des Iles-Ioniennes, de Scio, de Madère, de Schiraz et d'Ispahan, en Perse. En Suisse, en Russie, en Italie, en Turquie, en Afrique, on ne trouve généralement que des vins rouges de troisième et quatrième qualité. Il y a tout lieu de croire que cette infériorité tient surtout à l'imperfection ou à l'ignorance des procédés de fabrication.

VINS BLANCS.

Collage. — Qu'on nous permette de placer ici une simple observation sur le collage des vins blancs. Ces vins contenant moins de tannin que les vins rouges, leur collage est moins facile. C'est la colle de poisson qu'il faut employer de préférence à toute autre substance, parce qu'elle peut agir sans le concours du tannin, tandis qu'il n'en est pas de même de l'albumine et de la gélatine. On verse la colle, bien dissoute, en une seule fois, dans la pièce, après en avoir retiré deux à trois litres de liquide; on bat rapidement avec un bâton, puis on abandonne la pièce à un repos complet, en y versant le liquide qu'on en a prélevé, de façon à la remplir et à éviter l'introduction de l'air entre la bonde et le vin. Il ne faut pas battre à plusieurs reprises; on pourrait compromettre la parfaite clarification.

Maladies. — *Précautions à prendre.* — La maladie à laquelle les vins blancs sont sujets s'appelle la *graisse*. Le vin devient filant comme un sirop ou comme une huile. On a longtemps ignoré la cause de cet accident; aujourd'hui il est à peu près reconnu qu'il provient de la présence dans les vins blancs d'une substance analogue au gluten du froment; cette substance se nomme la *gliadine*. On pense que cette action de la gliadine se produit parce que les vins blancs ne restent pas sur la rafle aussi longtemps que les vins rouges, il ne se chargent pas d'une portion de tannin assez considérable pour précipiter la gliadine. Il suffit souvent, pour ramener les vins ainsi attaqués, à l'état de santé normale, d'en augmenter le principe tannique en jetant dans chaque pièce deux kilogrammes environ de cormes ou de sorbes. On laisse reposer le vin ainsi traité pendant quinze jours, puis on soutire, sans qu'il soit nécessaire de le coller. Si le vin est en bouteilles, on ajoute à chaque bouteille un gramme 6 centigrammes de tannin ou 106 grammes pour cent bouteilles, après les avoir toutefois dépouillées du dépôt ; après cette addition, on colle et l'on remet en bouteilles.

Il est, pour les vins blancs, indispensable de n'employer que des futailles neuves ou ayant contenu des vins analogues ; ces dernières doivent être lavées à l'eau acidulée d'abord, puis à l'eau chaude. La présence du moindre corps étranger dans le tonneau peut nuire au vin blanc, qui est bien plus sujet que le vin rouge à contracter un mauvais goût.

CLARIFICATION DES VINS BLANCS.

Haute qualité.

Il y a en France cinq provinces qui fournissent des vins blancs de très-haute qualité :

La *Champagne*, où l'on trouve deux natures de vins : 1º les vins dits de Sillery, récoltés à Ludes, — à Mailly, — à Verzenay — et à Verzy ; — 2º les vins moelleux d'Aï, — de Mareuil, — de Dissy, — d'Hautvillers, — de Pierry — et du Clozet, à Épernay.

La *Bourgogne*, qui nous donne les vins célèbres de Montrachet (Côte-d'Or), vins merveilleux de finesse, de bouquet et de charme spiritueux.

Le *Bordelais*, dont les vins blancs ont un moelleux, un parfum, une sève admirables, surtout dans les premiers crûs de Bursac, de Preignac, de Sauterne, de Bommes, et tant d'autres. Il faut citer encore les vins secs de Villeneuve-d'Ornon (Gironde).

Le *Forez*, qui s'enorgueillit des excellents vins de Château-Grillet (Loire).

Le *Dauphiné*, qui renferme le célèbre crû de l'Hermitage, dont la valeur est connue de tout le monde.

A la suite de ces vins supérieurs, on place d'autres vins blancs, qui, pour jouir d'une moins grande renommée, n'en ont pas moins des qualités très-remarquables.

Ainsi l'Alsace produit des vins secs très-estimés dans le département, mais peu recherchés dans le reste de la France.

Les vins blancs du Lyonnais (Condrieux), du Périgord, de l'Agenais et du Béarn, sont estimés dans tous les départements limitrophes, et même à Paris, quand, par hasard, quelques fins gourmets en font venir.

Arrêtés jusqu'à présent par la cherté des transports, les amateurs vont pouvoir varier les provisions de leurs caves, en y introduisant les meilleurs vins du Midi, aussitôt que les grandes lignes de fer auront mis Paris en communication directe avec Marseille et Bayonne.

Les vins de St-Péray et de St-Jean (mousseux et non mousseux), dans le Languedoc, peuvent, quand ils sont bien traités, soutenir la comparaison avec les premiers de la Champagne. On en peut dire autant de ceux de la Franche-Comté (Château-Châlons, Arbois et Pupillin).

Connaissez-vous le petit mousseux des côteaux de Saumur ? C'est ce qu'on peut appeler véritablement un joli vin. Du reste, l'Anjou et la Touraine fournissent des vins blancs qui ne sont pas sans mérite ; tel est, dans l'Anjou, le vin de Serrant, qui jouit d'une grande célébrité dans le pays. La plupart des bons vins blancs sont expédiés en Hollande et dans les Pays-Bas ; les vins blancs ordinaires sont employés pour mélanger avec des vins rouges épais.

Les bons vins blancs d'ordinaire sont fournis, pour la plus grande partie de la France, et surtout pour Paris, par la Bourgogne : on sait les noms des Chablis, des Tonnerre. etc ; on en expédie beaucoup aussi à l'étranger. Outre-mer, les expéditions de vins blancs se font en crûs de troisième classe du Bordelais. Il y a aussi quelques bons vins blancs dans la Saintonge, l'Angoumois, l'Aunis, le Languedoc ; ils sont consommés sur place ou envoyés à l'étranger. Les gros vins blancs communs de ces contrées sont convertis en eaux-de-vie.

Vins blancs étrangers. — A la tête des vins blancs étrangers il faut placer ceux de l'Allemagne, qui est fière du grand nom de Johannisberg. Quant aux vins secs du Rhin, ils se classent ainsi :

1re qualité. — Rudesheim, Steinberg, Grafenberg, Hockheim, Kidrich, dans le duché de Nassau ; — Worms, dans le duché de Hesse-Darmstadt.

2e qualité. — Wickert, Kosteins, Deisenheim, dans le duché de Nassau ; — Bingen, dans la Hesse-Darmstadt ; — Bucharach, dans le duché du Bas-Rhin.

Les vins de Franconie sont produits par les vignes de Leist et de Stein, à Wurtzbourg, dans la Bavière.

Les vins du Palatinat proviennent de Noth-Deidesheim, Durkheim et Harxheim, en Bavière.

Les vins de la Moselle sont ceux de Pilport, Zeltingen, Olisberg, Braunenberg, Schwartzberg et Dussemond, dans le duché du Bas-Rhin.

L'Allemagne fournit encore une très-grande quantité de vins blancs de 3e et 4e qualités, et de vins ordinaires. On comprendra que nous ayons dû nous borner à citer les plus notables.

On connaît les vins d'Espagne ; ils sont spiritueux, alcooliques, savoureux. On en récolte de très-grandes variétés ; mais, en général, ils ne sont pas traités, dans la fabrication, avec un soin proportionné à leurs qualités naturelles. L'homme est ainsi fait ; il se laisse volontiers aller à la paresse et à la négligence là où il trouve la nature prodigue envers lui.

Les plus estimés des vins d'Espagne sont les vins secs de Terre-Blanche, à Xérès, et ceux des premiers vins de Paxarète, en Andalousie ; — ensuite il faut compter les *Rancio*, de Péralta, en Navarre ; — les vins secs de Montilla, en Andalousie, et de Malaga, dans le royaume de Grenade.

Les principaux vins de troisième classe sont ceux de Val-de-Pénas, dans la Nouvelle-Castille ; — les vins de Majorque et de Minorque, et les *Alba-Flor*.

On cite encore les vins de Palma (Majorque) et ceux d'Iviça.

Le Portugal est aussi admirablement doté par la nature. On y compte : les vins secs de Celleiros, dans la province de Tra-los-Montès ; — de Termo, dans celle de Beira ; — d'Areiras, de Carcaveillos, de Stuval et de Bucellos, en Estramadure.

Parmi les bons vins de troisième classe, on cite ceux de Lamalonga, dans la province Tra-los-Montès, et de Tavira, dans les Algarves.

En Italie, où le ciel est si favorable à la vigne, on a les vins secs de Marsalla et de Castel-Veterano, en Sicile ; — quelques-uns d'un ordre inférieur, mais cependant encore fort estimables, dans la Savoie, — dans la Toscane, — dans l'île d'Elbe, — dans les Etats-Romains, — dans le royaume de Naples, — en Sicile, — à Ischid, — à Caprée, — à Lipari.

On connaît par les vins de Madère et de Ténériffe

les vins secs de premier ordre que produisent les îles de l'Océan Atlantique.

La Grèce produit de très-bons vins secs; on les obtient surtout en Morée, en Livadie, dans les îles Scopolo et Miconi.

En Turquie, on cite le vin de *Lot*, à Rétimo, et plusieurs autres de l'île de Candie; — le *Nectar* de Mesta (île de Samos); — le *vin d'Or* du mont Liban, en Syrie.

On estime aussi quelques crûs de la Macédoine, de l'Albanie, de la Moldavie.

En Perse, on renomme les vins secs de Schiraz et d'Ispahan; — ceux de Kasbris et d'Yesed, et ceux d'Abderbidjan.

En Afrique, le Cap de Bonne-Espérance produit de bons vins secs dans les districts de la Perle, de Drogestène, et de Stellenbosc.

Enfin, la Russie a ses vins mousseux et non mousseux de Sudagh, Théodosie et Alfincy, en Crimée, et quelques bons crûs dans le gouvernement d'Astracan, de Saratof et dans la Kakétie.

VINS DE LIQUEUR OU VINS SUCRÉS.

Nous n'entrerons pas dans le détail de la fabrication des vins de liqueur; fabrication qui varie, du reste, considérablement suivant les pays, depuis celle du Porto, auquel on ajoute de l'alcool, jusqu'à celle du vin de Tokai, extrait des graines de raisins desséchées sur les ceps et triées avec le plus grand soin. Nous nous bornerons à donner une classification sommaire de ces vins, en commençant par la France.

Ce n'est que dans nos départements du Midi qu'on fait des vins de liqueur; mais il faut dire que si l'on en fait de naturel, là aussi, à Cette particulièrement, on *produit* énormément d'imitations de vins de liqueurs de tous pays.

Quoiqu'il en soit, le Roussillon nous donne, outre les vins blancs muscats de Rivesaltes, les vins rouges dits de Grenache, que l'on fait à Bayuls, Cosperon, Collioure et Rodez, et ceux qu'on nomme Macabeo et Salus, dans les Pyrénées-Orientales.

Dans le Languedoc, on fait beaucoup de vins muscats; il faut citer en première ligne les Frontignan et les Lunel (Hérault). On cite aussi ceux de Maraussan et de Picardan, que l'on récolte à Marseillan et à Pernerols, et puis ceux dits de *Calabre*, de *Malaga*, de *Madère*, que l'on récolte et prépare dans plusieurs vignobles de l'Hérault.

Dans le comtat d'Avignon, on a les vins muscats de Beaune et ceux dits de *Grenache*, que l'on fait à Mazan (Vaucluse).

La Provence produit des muscats rouges et blancs très estimés; ils sont fabriqués à Roquevaire, à Cassis, à La Ciotat; on les exporte généralement à l'étranger. On compte aussi le malvoisie de Roquevaire et beaucoup d'autres vins cuits, récoltés et faits dans le département des Bouches-du-Rhône.

Dans le Périgord, on connaît les vins muscats de Montbazillac et de Saint-Laurent-des-Vignes (Dordogne.

C'est en Alsace, à Colmar, dans quelques vignobles du Haut-Rhin, dans ceux de l'Hermitage (Drôme), à Argental (Corrèze), qu'on fait les vins connus sous le nom de *vins de paille*.

Enfin, la Corse fournit aussi quelques vins de liqueur.

Parmi les vins de liqueur étrangers, qui sont en très-grand nombre, nous ne citerons que les plus renommés :

Le vin de *Tokai*, récolté dans plusieurs vignobles du comté de Zemplin, dans la Haute-Hongrie. Comme ces récoltes sont expressément réservées pour la table de l'empereur d'Autriche, il est peu vraisemblable que nous en puissions boire en France; mais les imitateurs sont si habiles;

Le vin rouge dit *Lacryma-Christi*, qui provient d'un vignoble situé au pied du Vésuve, dans le royaume de Naples;

Les muscats rouges et blancs de Syracuse, en Sicile;

Le muscat rouge nommé *Aleatico*, de Monte-Pulcino, en Toscane;

Les vins rouges dits *Tinto*, d'Alicante, et *Tintilla*, de Rota, en Espagne;

Les vins blancs dits *Malvasia* et *Pedro-Ximenès*, de Xérès et de Puxarète en Andalousie, et de Malaga, royaume de Grenade, en Espagne;

Le vin vert de Cotnar, en Moldavie;

Le *Malvoisie* de la Canée, dans l'île de Candie;

Le vin du canton de la Commanderie, dans l'île de Chypre;

Les vins de liqueur de première qualité, rouges et blancs, de Schiraz en Perse;

Les vins rouges et blancs de Constance, au cap de Bonne-Espérance;

Les vins dits de *Malvoisie*, de l'île de Madère, à Ténériffe et dans les Açores.

On tire en outre une très-grande quantité de vins de liqueur de deuxième et de troisième ordre, tant muscats que *vins de paille*, de la Hongrie, de la Dalmatie, de l'Italie, de l'Espagne, du Portugal, de la Grèce et de la Turquie.

IV.

COMPOSITION DES VINS.

Le lecteur sera sans doute bien aise, ne fût-ce qu'au point de vue de la curiosité, de savoir de quoi se composent généralement les vins. Tous renferment les mêmes substances, il n'y a que les proportions qui varient. Ainsi, dans presque tóus les vins que vous buvez, se trouvent les quinze substances indiquées dans le tableau suivant, emprunté au beau travail sur les boissons, publié par M. J. Girardin (de Rome) dans l'*Encyclopédie des Connaissances utiles*, éditée par Garnier frères.

Eau (beaucoup);
Glucôse indécomposé (peu);
Ferment (traces);
Pective et mucilage;
Tannin (beaucoup);
Acides malique et tartrique libres;
Matière colorante jaune;
Sels végétaux et minéraux du moût;
Matière colorante rouge;
Acides acétique et œnothique;
Principes aromatiques ou bouquet;
Éther œnothique ou huile essentielle d'odeur vineuse;
Œnothine ou principe sapide (vins de Bordeaux);
Alcool en proportions variables;
Gaz acide carbonique (vins mousseux).

Nous ajouterons maintenant les proportions d'alcool que renferment les principaux vins français et étrangers; ce renseignement peut mettre le lecteur à même de juger de la force spiritueuse des divers vins et de reconnaître parfois jusqu'à quel point les vins qu'on lui fournit ont été sophistiqués.

Porto	24
Madère	20
Constance	19
Malaga	17

Hermitage blanc	17
Bourgogne (le plus spiritueux). . .	14
Bordeaux. . . id.	15
Côte-Rôtie	12
Hermitage rouge	12
Champagne	11
Frontignan - Lunel.	11
Tokay.	10
Anjou blanc.	10
Bordeaux rouge (le moins spiritueux).	8
Bordeaux blanc. . . id. . . .	8
Bourgogne rouge . . id. . . .	7 1/2
Mâcon rouge. . . . id. . . .	7 1/2
Châtillon	7

V.

CONSERVATION DU VIN.

Non-seulement il est difficile de se procurer de bons vins à Paris, mais encore il est presque impossible de les conserver tels. La construction des maisons est un obstacle insurmontable. Les caves sont, en raison de la proximité du sol et du peu d'épaisseur des murs, dans un état de vibration continuelle qui empêche les vins d'acquérir de la qualité. En outre, il y a dans chaque maison une si grande quantité d'appartements que chaque locataire ne peut avoir qu'une cave, et se trouve par conséquent forcé de réunir tous ses approvisionnements dans le même local, ce qui nuit essentiellement aux vins et facilite singulièrement les infidélités des domestiques, parfois même les petites dégustations des voisins ou des concierges.

Choix des caves. Une cave doit être exposée au nord, parce que sa température est ainsi moins variable que quand ses soupiraux sont ouverts du côté du midi.

Elle doit être assez profonde pour que la température y soit constamment au même degré.

Il faut qu'il y règne constamment une humidité modérée. Trop d'humidité fait moisir les tonneaux et les bouchons; l'absence d'humidité dessèche les futailles, les tourmente et fait transsuder le vin.

La lumière doit y pénétrer à peine; une lumière vive fait dessécher; une obscurité absolue pourrit.

Il serait à désirer qu'une bonne cave pût toujours être mise à l'abri des secousses. Les brusques agitations ou les légers tressaillements causés par le passage d'une voiture sur le pavé remuent la lie, la mêlent avec le vin, l'y retiennent en suspension, et produisent l'acétification. Le tonnerre et tous les mouvements produits par des secousses ont le même effet.

Autant que possible, il est nécessaire d'éloigner de la cave les bois verts, les vinaigres et toutes les matières qui sont susceptibles de fermentation.

Il faut éviter aussi la réverbération du soleil, qui, variant la température de la cave, en altère nécessairement les propriétés.

Choix des vins. — Le consommateur doit éviter d'acheter des vins nouveaux, ils sont souvent trop difficiles à soigner.

Il vaut mieux choisir des vins faits, c'est-à-dire assez mûrs pour être mis en bouteilles peu de temps après leur entrée en cave.

Les vins doivent, à la dégustation, être d'un clair fin et brillant, avoir un bouquet agréable, et être dégagés de toute espèce de goût de terroir.

Au moment où l'on va le mettre en bouteilles, un bon vin doit toujours être moelleux, avoir du corps sans dureté et sans âpreté, et surtout avoir du piquant. Lorsqu'on en avale un peu, il doit faire éprouver au gosier une sensation veloutée.

Les vins vieux ont l'avantage de demander moins de précautions et d'être moins sujets à détérioration que les vins nouveaux; ils sont immédiatement agréables à boire; en général très-toniques et très-saints, ils conviennent aux estomacs débiles et aux vieillards. Plus ils sont vieux, moins ils nourrissent, parce qu'alors ils sont dépouillés de leurs principes vraiment nutritifs et ne contiennent presque pas d'autres principes que l'alcool.

Quant à l'influence de la couleur sur la qualité, voici ce qu'on en peut dire :

Le vin rouge est en général plus spiritueux, plus léger, plus digestif.

Le blanc fournit moins d'alcool, il est plus diurétique et plus faible; comme il a moins cuvé, il est presque toujours plus gras, plus nutritif et plus gazeux que le rouge.

Tout cela soit dit, sauf les différences de crûs qui modifient singulièrement ces principes généraux.

Les époques de l'année les plus favorables pour faire ses approvisionnements de vins sont les mois de mars et de septembre, parce que ces deux mois-là sont les meilleurs pour les soutirages, et que l'on ne doit jamais enlever des vins d'un cellier ou d'une cave sans les avoir préalablement soutirés, c'est-à-dire les avoir tirés de dessus la lie.

Il y a divers modes de soutirage; cette opération a été très-heureusement perfectionnée depuis quelques années; les pompes en cuir usités à Bordeaux et en Champagne sont la dernière expression de ce progrès; elle permettent de faire tout le travail sans que le vin communique avec l'air.

Avant le soutirage, il est indispensable d'apporter le plus grand soin au choix de la pièce destinée à recevoir le vin; elle doit être exempte de toute mauvaise odeur, parfaitement rincée à trois ou quatre eaux, bien égouttée et soufrée.

Le soufrage, qui s'opère avec une mèche qu'on laisse brûler dans la futaille, a pour but de purifier l'air qu'elle contient; il a le très-précieux avantage de prévenir la détérioration acéteuse.

Après le soutirage vient le collage ou la clarification, qui se fait avec des blancs d'œufs, de la colle de poisson ou des poudres spécialement inventées pour cette opération. Lorsque le vin mêlé à la colle a été convenablement fouetté, c'est-à-dire remué, on bonde la pièce et on la met sur chantier pour la tirer un mois ou deux après.

Quand le premier collage ne clarifie pas suffisamment le vin, on procède à un second collage dans lequel on fait entrer diverses compositions héroïques, qui varient suivant les besoins : on y emploie l'amidon, le riz, le lait, le sang de bœuf et autres substances.

Il y a des époques plus ou moins favorables au collage des vins; en général, il faut éviter d'entreprendre cette opération dans les moments où la vigne commence à pousser, où elle est en fleur, où le raisin se colore, parce qu'alors on peut craindre de provoquer une fermentation. C'est aussi à ces époques critiques qu'il convient de surveiller le plus les vins qu'on a en cave.

La mise en bouteilles doit être l'objet des précautions les plus minutieuses. Autant que possible, il faut y procéder par un temps calme, et quand le vent souffle du nord; il est très-imprudent de l'entreprendre pendant des temps orageux ou des tempêtes.

Les bouteilles seront rincées, égouttées et remplies dans les vingt-quatre heures qui suivent le rinçage; les bouchons, choisis avec soin, en liége fin et élastique, seront neufs; sous aucun prétexte, un bou_ chon ne doit servir deux fois ; — les bouchons de-mi-longs sont les meilleurs.

Il est nécessaire, pour peu qu'on tienne à conser-ver le vin longtemps, de cacheter ou de mastiquer le bouchon. Pour les vins de quelque prix, les cap-sules métalliques, qui sont infiniment préférables à toutes les cires et à tous les mastics, doivent être employées par tous les vrais amateurs de bons vins.

Les bouteilles ainsi bouchées doivent être tenues couchées ; autrement on s'expose à avoir ce qu'on appelle du vin *fleuri,* dont la saveur est sensible-ment altérée.

Peu de jours après la mise en bouteilles, les vins font un travail duquel il résulte qu'au bout d'un mois ils sont moins agréables qu'au moment où ils ont été tirés. Ce travail dure quelquefois plusieurs mois, après quoi ils gagnent même pendant plusieurs an-nées. Il y a des vins de Bordeaux qui, suivant les années, ont été jusqu'à deux et trois ans en bouteil-les avant d'avoir acquis toutes leurs qualités dis-tinctives ; ces vins, produits la plupart du temps par de très-vieilles vignes, peuvent être gardés très-longtemps ; ils deviennent plus exquis d'année en année.

VI.

SERVICE DES VINS.

Service des vins. — Avant tout, nous allons dire un mot du voyage que fait le vin pour arriver de la cave au verre dans lequel il doit être bu. Ce trajet devrait être fait avec les plus grandes précautions, afin d'éviter de remuer les bouteilles. Le mieux serait de les tenir couchées comme elles étaient à la cave, en les transportant dans des paniers faits spécialement, *ad hoc*, et de les décanter dans des carafes blanches un quart d'heure avant de les servir.

Nous disons carafes blanches, car la couleur des vins étant une de leurs plus précieuses qualités, nous n'admettons pas qu'on puisse les servir dans des carafes teintées de vert, de jaune ou d'orangé.

Il est indispensable d'employer pour déboucher les bouteilles, sans les remuer et sans occasionner un mélange de lie, les tire-bouchons à vis, d'invention anglaise. Il faut espérer que le sentiment du vrai confortable aura bientôt fait chez nous assez de progrès pour qu'on renonce définitivement à l'outil primitif et incommode dont nous nous servons à titre de tire-bouchons.

La forme des verres doit être aussi choisie avec goût par les personnes qui prétendent servir de bons vins sur leurs tables; les verres doivent surtout être nombreux et variés, afin que le convive ne soit pas exposé à boire de deux vins différents dans le même verre. Il faut aussi avoir soin de ne pas servir de ces verres taillés et épais qui sont très-défavorables à la dégustation des vins fins.

Les vins rouges de Bordeaux, qui sont de leur nature un peu froids, doivent avant le service, avoir été montés à une certaine température, à peu près égale à celle de l'atmosphère de la pièce où ils sont bus. On obtient cette température, en hiver, en laissant les bouteilles ou les carafes tremper pendant quelques instants dans de l'eau tiède à 18 ou 20 degrés, et en été, en les laissant environ pendant une heure avant le repas dans la salle à manger.

Quant à l'ordre à observer dans le service des vins pendant le repas, il doit être établi d'après le principe fondamental posé dans l'aphorisme de Brillat-Savarin.

L'ordre des boissons est des plus tempérées aux plus fumeuses et aux plus parfumées.

Nous devons dire cependant que la pratique a introduit quelques exceptions à cette règle trop générale.

D'abord, il est de toute nécessité de mettre à la disposition des convives pendant tout le cours du repas des vins ordinaires de Bordeaux et de Bourgogne, afin de permettre à chacun de suivre ses habitudes; il est même assez convenable d'offrir le choix à chacun entre les deux natures de vins, lorsqu'il s'agit de vins d'entremets ou de dessert.

Si l'on mange des huîtres, soit avant, soit après le potage, ce qui dépend de l'usage des localités, on doit faire accompagner ce prélude du repas de vins de Sauterne, de Barsac, de Grave, de Pouilly ou de Chablis.

Après le potage, un verre de Madère ou de Xérès.

Pendant le premier service consacré aux vins de seconde classe, les Bourgognes seront représentés par des vins de Volnay, de Nuits, de Baune, de Pomard, etc.; les Bordeaux par des Léoville, des Mouton, des Rauzan, etc.

Au rôti, le vin de Champagne est parfait et peut être bu impunément.

Avec les entremets paraîtront les vins de premiers crus, c'est-à-dire, en fait de Bordeaux, les Laffitte, les Latour, les Château-Margaux, etc.; et les Clos-Vougeot, les Romanée-Conti, les Chambertin, etc., en fait de Bourgogne.

Pendant le dessert, on pourra continuer ces vins, en y ajoutant des vins sucrés, les Lunel, les Tokay-Princesse, les Rivesaltes, etc.

Cet ordre, indiqué pour un repas de grand luxe, donne à peu près la clef de la marche à suivre pour des repas de moindre apparat.

Il se fait aussi des repas d'amateurs, exclusivement consacrés à une seule nature de vins, des dîners au Bordeaux, des dîners au Bourgogne, des dîners au Champagne; ces derniers sont préférables en été; alors le vin de Champagne ne se sert que frappé à la glace. Pour les autres on suit, l'ordre des classes ou des crus, en commençant par des vins de quatrième ou troisième classe, et remontant de service en service à la première classe.

Or, on a vu au chapitre III comment sont classés les différents vins de France et de l'étranger.

LE LIVRE

DE LA BASSE-COUR.

DE LA BASSE-COUR.

La basse-cour offre, à la campagne, une si précieuse ressource, que nos lectrices ne nous pardonneraient pas si nous négligions de lui donner place dans notre encyclopédie ; aussi, pour éviter tout reproche, allons-nous succinctement énumérer les soins que comportent la direction et l'entretien de la basse-cour.

DU POULAILLER.

Les poules craignent excessivement le froid, la chaleur, l'humidité, les miasmes délétères. Il est donc rigoureusement indispensable que le poulailler soit bien situé, propre et aéré.

Accoutumée à se *jucher,* si la poule dort par terre c'est qu'elle est influencée par de mauvaises odeurs, ou malade de la pépie, du bouton ou des poux.

Pour détruire ces derniers, il faut, l'été, nettoyer le poulailler trois fois par semaine au moins, et y brûler de la sauge verte, après avoir soigneusement calfeutré les ouvertures. Cette fumigation a le double avantage d'asphyxier la vermine et de purifier l'air du poulailler.

La *pépie* se reconnaît, chez les poules, les canards, les oies et les dindes, à une petite peau blanche qui recouvre leur langue. Il faut enlever cette peau avec une épingle, et bassiner la plaie avec une goutte de bon vin : une ivresse momentanée engourdit chez l'animal la douleur que lui a causé l'opération.

Quant au *bouton*, voici quels sont ses symptômes : La poule, au lieu de se secouer au soleil, comme elle en a l'habitude, s'en va, la tête basse, la crête noire et molle, la queue pendante et le plumage ébouriffé. Lorsqu'une poule a cette maladie, il faut, avec des ciseaux, lui couper le bouton, en veillant bien à ne pas attaquer la partie grasse du croupion, puis on frotte la plaie avec du vinaigre anti-putride.

C'est vers le milieu du mois de mars que l'on met à couver les poules, les oies et les canes. Si la volaille est tardive, c'est que la personne chargée de l'entretien de la basse-cour n'aura pas veillé à ce que la gent emplumée se tienne, la nuit, dans un poulailler bien clos, et le jour, dans une cour ou préau abrité des vents du nord.

Quand ces deux conditions ont été strictement observées, poules, oies et canards commencent à pondre en février et demandent à couver presqu'immédiatement. Il est urgent de ne pas intervertir cet ordre de la nature, autrement l'on n'aurait ni poulets, ni canetons *hâtifs*, qui sont pour le producteur une source de fortune, et une source de jouissance pour le gourmand.

C'est qu'en effet, l'un des meilleurs produits à la campagne est l'élève de la volaille, et ce n'est pas d'aujourd'hui, si nous en jugeons par cette anecdote dont les historiens romains nous garantissent l'authenticité.

Quelqu'un demandait à Caton ce qui, aux champs, rapportait le plus.

— «La volaille, si vous la conduisez bien, répondit-il.

— Et après? ajoutait-on.

— La volaille, si vous la conduisez médiocrement bien. »

Quand les poules couvent, il faut, malgré elles, les sortir du nid deux fois par jour et les faire manger et boire. Du reste, on peut faire couver par des poules d'Inde qu'on aura échauffées dès le mois de janvier en les nourrissant de chénevis et de sarrazin; en février, on les empâte avec de la mie de pain imbibée de vin; l'ivresse les endort et l'on profite de leur sommeil pour glisser les œufs dans leur nid. Ce procédé est d'un avantage évident en ce sens que la dinde peut couver beaucoup plus d'œufs à la fois que la poule.

Les petits poulets nouvellement éclos veulent être mis à la chaleur, le duvet qui les recouvre n'étant pas suffisant pour les garantir du froid. Si on négligeait de les tenir à une température convenable, ils s'abriteraient sous l'aile de leur mère et ne prendraient pas de force. Au moment de leur naissance, il faut leur donner du pain émietté dans du vin ou dans du cidre. Si par hasard on en remarque qui soient languissants, on les réconfortera avec du vin. Pour le leur faire boire, on met le vin dans sa bouche où l'on introduit le bec du poulet qui boit alors naturellement.

A l'automne, les poules ne pondent plus, cependant, si l'on désire avoir des œufs frais du jour, il faut nourrir quelques poules avec des graines échauffantes; grâce à cette alimentation, elles ponderont à nouveau.

Les meilleures pondeuses sont les poules d'une moyenne grandeur, noires de plumage, ayant la tête grosse et la portant haut, la crête rouge et couchée sur le côté, l'œil vif et le cou gros.

Au mois de mai, les petits poulets qu'on veut engraisser comme *coqs vierges* doivent être mis à l'écart. Les cailles fraîches de lait étant abondantes en cette saison, il est facile de les engraisser. Voici comment on élève ce que les gourmands appellent des *coqs vierges de Normandie*:

Lors que les poulets commencent à marquer, c'est-à-dire quand la crête leur pousse, vous les séparez des poulettes et les nourrissez de pâte de farine de sarrazin mêlée avec les épluchures de riz vendues par les épiciers. Pour boisson, vous leur donnez du lait coupé avec de l'eau. Si vous désirez obtenir des résultats plus prompts, vous pétrissez avec du lait la pâtée de sarrazin et de riz en y ajoutant un peu de sel. Si vous n'avez pas occasion de vous procurer des épluchures de riz, vous le remplacerez par du petit blé mondé.

L'hiver, on veillera à tenir le poulailler clos la nuit et à ne l'ouvrir qu'après le lever du jour. Vers le mois de novembre, il est bon de nourrir les poules avec du sarrazin pour les échauffer. C'est aussi à cette époque qu'on donnera à couver les poulets de primeur que l'on vendra à la fin de mars ou au commencement d'avril.

En général, il faut aux poules une nourriture abondante; nos paysans ont un proverbe qu'une maîtresse de maison ne doit jamais mettre en oubli :

« Les vaches donnent du lait par la bouche et les poules des œufs par le bec. »

C'est au mois de mai qu'on plume les canards et les oies. Ces volatiles fournissent une bonne récolte deux fois l'an; la plume vivante est plus estimée que la plume morte et les marchands ne s'y trompent guères.

Après la plumaison, les oies et les canards éprouvent de violentes démangeaisons qui les poussent à se déchirer la peau; pour y obvier, on les frottera avec du vinaigre et du sel, sitôt l'opération finie. On aura soin, en plumant la bête, de respecter le duvet de dessous les ailes qui repousse difficilement et dont la privation amène fréquemment la tristesse et la langueur. Pendant les premiers jours qui suivent la plumaison, on veillera à faire manger les oies et les canards qui souvent, honteux de leur nudité, vont se cacher dans quelque coin et s'y laissent mourir de faim.

Un bon coq est plutôt grand que petit, avec un plumage rouge ou noir, la patte grosse et bien garnie d'ongles et d'ergots, la cuisse amplement emplumée, la poitrine large, le col élevé, bien fourni de plumes, la crête rouge, le bec court et gros, l'œil vif, l'aile forte, la queue grande et repliée en faucille ; il faut enfin qu'il soit éveillé et possède un chant clair.

On ne laissera aller les canetons à l'eau que huit jours après leur naissance. Tant que dure la couvaison, il faut mettre le boire et le manger à portée de la couveuse. Une erreur généralement accréditée c'est que les canards ont besoin de barboter ; la meilleure réfutation que nous puissions offrir de ce préjugé, c'est que les canetons de Rouen si justement appréciés des gourmands ne doivent leur chair délicate et succulente qu'à l'extrême propreté à laquelle on les habitue et à l'interdiction absolue du barbotage.

Jusqu'à ce que les oisons aient une quinzaine de jours, il faut les tenir chaudement ; on peut les laisser vagabonner au soleil, mais il faut les soigneusement garder de la pluie, car souvent ils meurent pour avoir été mouillés.

DU CLAPIER.

On s'est homériquement amusé du petit livre intitulé : *de l'Art d'élever les lapins et de s'en faire trois mille livres de rente*, tant il est vrai que chez nous le ridicule s'attaque aux meilleures choses. En dépit des rieurs, nous conseillons aux ménagères de ne pas négliger l'élève des lapins qui offre, en dehors du profit matériel, une précieuse ressource pour les gardé-mangers à la campagne. Sans doute, Boileau, ce janséniste de la poésie, a tempêté contre les lapins :

Sentant encore le chou dont ils furent nourris,

mais rien n'oblige à nourrir les lapins avec des choux ; la carotte, le panais et le navet sont très-prisés par l'intelligent animal et si l'on a soin quelques semaines avant de le tuer, de l'alimenter exclusivement avec du mélilot, du persil, de la pimprenelle et du céleri, sa chair prendra un fumet presqu'aussi délicat que celui du lapin de garenne.

Quand les lapines ont mis bas, il faut éviter, pendant huit jours au moins, de leur donner des herbes mouillées. La luzerne et le son mélangé de sel doivent composer leur nourriture. Les petits lapins ne seront jamais séparés de la mère qu'au bout d'une semaine.

DU COLOMBIER.

Une erreur assez généralement accréditée, c'est qu'on peut se dispenser de nourrir les pigeons au colombier pendant le mois de juillet, sous le fallacieux prétexte que, les récoltes étant mûres, ils peuvent trouver à *se remplir le jabot* en allant picorer dans les champs. Au premier abord, la chose paraît juste ; mais il convient de ne pas oublier que la loi protége les moissons contre les invasions des maraudeurs, à quelque famille animale qu'ils appartiennent ; or, un coup de cendrée dans une volée de pigeons fait bien des palombes veuves et des tourtereaux orphelins. La chûte des autels du paganisme a enlevé aux péristères, les doux oiseaux de la Vénus Anadyomène, les honneurs et la vénération des simples mortels ; tout au plus les respecterait-on aujourd'hui, en commémoration du guano ; si bien que d'effrontés propriétaires ne craignent nullement de se livrer, à l'endroit des pigeons, à ces chasses meurtrières que Cooper, le peintre des grands bois et des grands fleuves, a si splendidement décrites dans les *Pionniers*. Il faut donc approvisionner le colombier comme par le passé, davantage même si c'est possible, afin de retirer à ses pensionnaires l'envie du fruit défendu et de ne pas courir, en vue d'un bénéfice éventuel, des chances de perte quasi certaines.

Si la maraude est interdite, le glanage et le hallebotage sont des droits consacrés par la prescription ; on peut donc, après la moisson, rogner la portion aux hôtes du colombier qui trouveront dans les chaumes le grain tombé des épis mûrs.

Pendant l'hiver, on veillera à renouveler souvent l'eau des pigeons et à leur mettre à portée deux morues salées.

DE LA PORCHERIE.

Le toit à porcs doit être aéré et attenant à une petite cour. Cette cour est nécessaire à la truie quand, après la gésine, elle commence à élever ses petits ; en outre, elle permet d'éloigner le mâle qui, non moins cruel que Saturne et Ugolin, dévorerait ses petits et étranglerait la mère au cas où la voix du sang la porterait à protéger sa progéniture.

Au mois de mars, la ménagère surveillera attentivement la porcherie ; c'est dans ce mois que les truies mettent bas. Quelques jours avant leur délivrance, on aura soin de leur faire, chaque matin, une litière fraîche et abondante, afin qu'elles soient mieux couchées et que leurs petits ne se trouvent pas en contact avec le pavé ou l'aire humide de la porcherie.

Une bonne truie, convenablement alimentée, donne de sept à onze petits; elle a donc besoin d'une ample nourriture si l'on ne veut pas que sa portée souffre; cette surabondance de nourriture doit précéder la délivrance et se continuer pendant l'allaitement.

Voici la meilleure alimentation d'après les essais tentés par des éleveurs distingués.

Vous faites cuire des navets, des pommes de terre, des choux de Laponie, et mouillez le tout avec du lait de beurre; vous y ajoutez les petits-laits des fromages, les cailles du lait, et les truies s'en trouvent à merveille. Vous veillerez à ne jamais leur donner d'eau crue.

Quand les petits cochons commencent à manger, on les nourrit avec des bouillies et de l'eau blanchie avec de la farine de sarrazin. Cette alimentation, suffisamment nutritive, ne les empêché pas d'allonger. Une fois qu'ils ne têtent plus la mère, on donne aux petits de la chicorée sauvage et du jeune trèfle, afin de les rafrîchir. Pour engraisser les jeunes porcs que l'on veut vendre, on les nourrit avec du sarrazin concassé. Un examen attentif a démontré qu'un boisseau de blé noir fournit plus de lard que deux boisseaux de farine d'orge.

Quand on veut obtenir une viande extra-délicate, on alimente les cochons avec du gland et de la fougère.

Ces animaux sont en outre très-friands de marc de carottes; ce résidu les engraisse plus vite encore que la farine de sarrazin.

C'est à l'automne qu'il faut tuer les porcs que l'on a engraissés en vue de l'hiver, et engraisser ceux qui doivent défrayer les fêtes de Noël, du premier jour de l'an et de l'Epiphanie.

Quand arrivent les froids, les porcs ne touchent plus à leurs auges, dès que la surface s'en congèle, il faut donc y faire bien attention, ainsi qu'à renouveler fréquemment leur litière. En effet, le porc ayant l'habitude de s'enterrer dans sa litière, ne voudrait même pas s'y coucher si la paille en était trop mouillée; or, l'incontinence urinaire du sanglier domestique est un fait proverbial.

Tout, au reste, dans la porcherie, doit être tenu avec une méticuleuse propreté, les auges aussi bien que la litière, si l'on veut éviter la ladrerie. Cette maladie, dont les résultats sont tels que l'autorité a cru devoir intervenir et empêcher sur les marchés la vente de la viande des cochons ladres, se reconnaît aux symptômes suivants :

Les oreilles de l'animal retombent; sa queue au lieu de décrire une joyeuse spirale pend flasque et inerte; en lui ouvrant la gueule, on aperçoit sous sa langue un petit point blanc; c'est là le dernier diagnostic, le cochon est ladre. Prenez alors de jeunes orties et frottez le bouton jusqu'à ce qu'il ait disparu, puis bassinez la plaie avec du vinaigre dans lequel vous aurez fait fondre du sel et infuser de la sauge et du marrube blanc; enfin, nourrissez l'animal d'orties hachées mêlées avec des cailles de lait et saupoudrées de sel, mais évitez pendant le traitement une alimentation trop abondante. Force orties, grande chicorées et cailles salées suffiront.

DU RUCHER.

C'est au mois de mai qu'on recueille les jetons des abeilles. Pourvu qu'on les ait convenablement nourries pendant l'hiver et que le mois d'avril n'ait pas été trop froid, les abeilles chassent leurs essaims dès les premiers jours de mai. Il faut donc établir une surveillance active autour des ruches.

Le moyen de reconnaître l'approche de l'émigration, c'est de s'approcher du panier et d'écouter ; quelques jours avant le départ, on entend un bourdonnement considérable.

Les mouches mères ne sortent pas tant que l'essaim est dans le panier ; aussitôt qu'il s'en voit chassé, l'essaim se suspend en boule à la branche la plus voisine. Trois ou quatre personnes se tiennent aux aguets, le visage et les mains garantis par un canevas métallique, et, tandis que l'une d'elles soulève un panier pour y recevoir l'essaim, les autres armées de goupillons aspergent les abeilles qui s'agglomèrent de plus en plus les unes aux autres ; alors, on saisit la branche qu'on incline vers l'orifice du panier et l'on secoue vigoureusement jusqu'à ce que l'essaim ait glissé du rameau et soit tombé dans sa prison ; cela fait, on retourne le panier et on le pose à terre jusqu'à la nuit, époque à laquelle on le transfère dans la partie du rucher qui est affectée aux jeunes essaims.

Le panier qu'on emploie pour cette chasse aux abeilles doit être frotté avec des herbes odoriférantes comme le thym, la lavande, etc., et légèrement enduit de miel ; seulement on évitera de se servir du miel d'un panier dont on a fait mourir les mouches, auquel cas, le nouvel essaim périrait infailliblement. Pendant les premiers jours, on mettra du miel à portée du nouvel essaim qui, bien soigné, pourra donner une récolte à la fin de juillet.

Lorsqu'arrivent les grands froids, il est bon d'abriter les abeilles et voici un procédé que nous empruntons aux mémoires de la Société d'agriculture de Paris, année 1788 :

« L'on connaît les mœurs des abeilles, l'on connaît encore mieux les avantages qu'elles procurent ; pourquoi donc ne sont-elles pas plus cultivées en France ? et pourquoi ne le sont-elles pas par les habitants d'une campagne qui, n'ayant que des terrains ingrats, sont enlacés dans une misère inextricable? Il est impossible qu'ils ne soient pas convaincus des profits qu'ils retireraient des mouches bien soignées, bien nourries; pourquoi donc n'en élèvent-ils pas? Il n'en faut pas douter, ils sont rebutés de ce travail par le danger de perdre leurs abeilles pendant de longs hivers, ou de perdre la meilleure partie des fruits de ces abeilles, qui sont forcées de se nourrir de leur miel, à défaut des plantes et des fleurs que les froids ont dévorées.

» Parer à ces accidents, c'est servir les malheureux.

» Si je fais travailler les abeilles dans les grands froids, c'est que je les aurai garanties des rigueurs de la saison, c'est que je les aurai nourries. Travailler, c'est vivre pour ces précieux insectes

» La difficulté n'est donc que de les garantir, et de les faire vivre sans qu'elles se nourrissent de leur miel.

» Il faut faire sceller dans le mur qui les abrite du nord, des perches assez longues pour recevoir des paillassons, qui formeront une espèce d'auvent d'environ deux pieds et demi excédant le rucher.

» Ces paillassons seront en pente pour l'écoulement des eaux : dans les grandes pluies, on peut les couvrir de toile cirée qui empêchera l'humidité de pénétrer.

» Quoique les abeilles soient garanties du froid autant que possible, elles n'en périraient pas moins si l'hiver était long, ainsi qu'il arrive souvent dans nos climats. Je me suis convaincue que ce n'était pas la rigueur de la saison, mais le défaut de nourriture qui les faisait périr. — Voici pour leur agrément et pour leur nourriture :

» L'on plante, sous l'auvent des paillassons, du thym, de la lavande, de la petite sauge, de l'hysope, toutes plantes vivaces, dont la verdure éternelle plaît aux abeilles, et qu'elles vont *butiner* avec d'autant plus de joie que ces plantes ne sont point couvertes de neige.

» Mais ces choses, pour être vertes, ne sont pas nutritives : il faut des choses plus succulentes. Vous avez soin, pendant l'été, de ramasser tous les fruits tombés : poires, pommes, prunes, figues, raisins, côtes de melons, même des carottes et des betteraves, enfin tous les fruits et plantes qui portent un sucre avec eux. Vous faites bouillir le tout dans de la lie de vin, et vous en composez un raisiné dont les abeilles sont très-friandes.

Il faut, pour un hiver, autant de pots de huit livres que vous avez de ruches. (La prudence commande d'en faire davantage pour le cas de la continuité des frimas.) L'on met, deux fois par jour, à l'ouverture de la ruche, de ce raisiné : toutes les mouches viennent s'en repaître. Elles ne mangent plus leur miel, elles l'augmentent, au contraire; leur cire moins desséchée, est plus belle, étant toujours humectée par le miel; le *tiquet*, espèce d'insecte qui la détruit et contribue beaucoup aussi à la destruction des mouches, ne s'y introduit point; l'abeille travaille toujours, et est dans le cas de chasser ses jetons un mois plus tôt, ce qui est un grand avantage.

» Il est aussi très-important, vers le mois de février, de semer un carré de sarrazin le plus près possible du rucher; les abeilles en sont très avides. Ce ne sera point dans l'espoir d'en récolter le grain, mais afin d'offrir une fleur sucrée et abondante aux abeilles, avant que celle des prairies leur fournissent les matériaux de leur travail et de leur nourriture.

» Par ces procédés, l'on augmente la récolte du miel et de la cire. »

FIN.